Silke Rahn und Danijela Markmann
mit Illustrationen von Verena Klassen

# Timo findet Trost

Timo will nicht in den Kindergarten.
Irgendwie ist alles anders.
Vor einer Woche hat Mama ihm erzählt,
dass ein schlimmer Unfall passiert ist
und Papa dabei war.
Jetzt ist Papa tot und wird nie wieder da sein.
Deshalb will Timo lieber zu Hause bleiben,
denn er ist viel zu traurig zum Spielen.
Doch Mama muss so viel erledigen
und kann ihn nicht mitnehmen.
Timo traut sich nicht, Mama zu sagen,
dass er nicht in den Kindergarten gehen will.

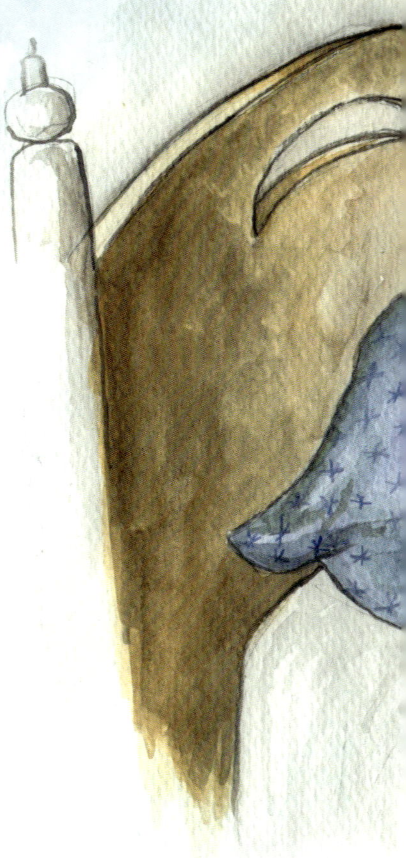

Als er im Kindergarten ankommt, läuft Timo schnell in die Kuschelecke und versteckt sich.
»Warum sind heute alle so laut?«, denkt er.
Plötzlich steht Finn neben ihm und fragt: »Spielst du mit mir in der Bauecke?«
Doch Timo schüttelt mit dem Kopf und brummt: »Geh weg!«
Mia kommt angelaufen und fragt: »Wo warst du so lange, Timo?«
Doch Timo will nicht von Papa reden und schubst Mia zurück.
Finn und Mia drehen sich um und gehen.
Jetzt ist Timo wieder alleine und ihm geht es gar nicht gut.

Schon bald muss er weinen und er drückt sich fest
in das große Kissen.
Plötzlich ist jemand da. Nicole, die Erzieherin,
nimmt ihn auf den Schoß und drückt ihn ganz fest.
Das tut gut. Lange sitzen sie da und keiner sagt etwas.
Erst nach einer Weile flüstert Timo leise:
»Mein Papa kommt nie mehr wieder.«
Nicole nickt und sagt: »Ich weiß.« Dabei muss sie selbst
ein wenig weinen.
Timo ist froh, dass er nicht mehr alleine weinen muss.
Irgendwann kommen keine Tränen mehr und Timo wird ruhiger.

Zusammen mit Nicole geht Timo in die Bauecke.
Finn hat ihn gleich entdeckt und rollt ihm das Auto zu.
Für kurze Zeit vergisst Timo, warum er traurig ist.

Mittags holt Mama ihn ab.
Zu Hause ist es wieder so still.
Timo sitzt im Kinderzimmer.
Oma und Opa sind gekommen
und sprechen mit Mama.
Er hört sie weinen.
Das macht ihn wieder traurig.
Plötzlich entdeckt er seinen Lieblingsball.
Den hat Papa ihm geschenkt.
Wütend steht er auf und schießt ihn in die Ecke.
Nie wieder kann er nun mit Papa auf die Wiese
gehen.
So oft haben sie dort Fußball gespielt.

Doch Opa hat den Krach gehört und kommt ins Kinderzimmer.
Liebevoll sagt er: »Timo, mein Junge.«
Dann nimmt er ihn in den Arm und hält ihn ganz fest.
»Opa, den Ball kannst du mitnehmen, ich kann ja doch nicht mehr mit Papa spielen.«
»Aber wenn du weiter mit dem Ball spielst, hilft es dir vielleicht, an das Schöne mit Papa zu denken«, sagt Opa leise.
Timo nimmt seinen Kopf von Opas Schulter und sieht ihn an.
»Ja, das stimmt, denn den Papa will ich niemals vergessen.«

Abends bringt Mama Timo ins Bett. Erstaunt fragt sie:
»Warum liegt denn der Fußball im Bett?«
»Der hilft mir, an Papa zu denken. Papa will ich niemals vergessen.«
Mama schaut ihn eine Weile an und sagt:
»Nein, das wollen wir nicht, und du hast ja recht:
Es gibt so viele Sachen, die uns an ihn erinnern.
Wir können diese Dinge ja in eine Erinnerungskiste legen.«
Timo ruft: »Ja, das ist dann meine Papa-Schatzkiste.«

In den nächsten Tagen wandert so einiges in die Kiste.
Viele schöne Fotos, Papas Lieblings-CD, sein Fußballtrikot
und sogar die leere Packung seiner Lieblingsschokolade.
Oft erzählt Timo im Kindergarten von seiner Schatzkiste,
wenn die anderen von ihrem Papa erzählen.

PAPA
SCHATZKISTE
Nuss

Doch nach ein paar Tagen sieht er, wie Finn nach dem
Kindergarten von seinem Papa abgeholt wird.
Stolz erzählt Finn seinem Vater von der Sandburg,
die er heute mit Timo gebaut hat.
Timo wird ganz traurig. Die Kiste ist ihm ja sehr wertvoll,
aber in diesem Moment hilft sie ihm auch nicht.
Wem soll *er* von der Sandburg erzählen? Sein Papa ist ja nicht
mehr da. Er muss immer wieder daran denken.

Am nächsten Tag singen sie im Morgenkreis einige Lieder und Nicole sagt: »Bevor wir spielen gehen, wollen wir noch zusammen beten.«
Sie danken Gott für den schönen Morgen, das Frühstücksbrot und beten für die kranken Kinder.
Zum Schluss betet Nicole: »Großer Gott im Himmel, danke, dass du immer da bist. Du hast jedes Kind hier lieb und willst bei ihm sein. Sei bitte ganz besonders bei Timo und tröste ihn! Er braucht dich ganz besonders!«

Alle sind bereits aufgestanden, nur Timo sitzt nachdenklich auf seinem Platz. Leise fragt er: »Hat Gott dich gerade wirklich gehört?«
Nicole setzt sich zu ihm und erklärt: »Ja, Timo. Gott ist groß. Er hat die Welt gemacht und er hat jeden von uns gemacht. Auch dich. Er weiß, wie es dir geht. Er sieht dich zu Hause und auch hier im Kindergarten – beim Spielen, Essen und Schlafen. Er hört dein Lachen und dein Weinen. Er möchte sich so gerne um dich kümmern. Du musst ihm das nur sagen. Er wartet darauf. Du kannst ihm *alles* sagen.«

Timo hat gut zugehört, und was Nicole sagt, macht ihn froh.
»Dann habe ich ja jemanden, mit dem ich immer reden kann. Egal, wie es mir geht.«
»Wollen wir es jetzt ausprobieren?«, fragt Nicole.
Timo nickt und beginnt leise zu beten: »Gott ich bin froh, dass du da bist. Ich bin traurig. Mein Papa ist nicht mehr da. Pass du jetzt auf mich auf, ja?!«
Nach einer kurzen Pause fällt ihm noch etwas ein: »Die Sandburg hast du auch gesehen. Die ist toll.«
Einen Moment ist es ganz still. Timo merkt, dass er nicht alleine ist mit seinen Sorgen. Er schaut Nicole an. Froh sagt er: »Du, Gott im Himmel hat mich gehört!«

## Nachwort

Liebe Leser(innen),
Gott sagt in der Bibel zu uns:

*Ich habe deine Tränen gesehen.*
(Jesaja 38, Vers 5)

Wir sind Gott nicht egal und er möchte uns in unserer Trauer beistehen. Unsere schwere Not kennt er genau.
Sein Sohn Jesus Christus hat durch seinen Tod das schwerste Leid erlebt, um uns von Schuld zu befreien (Johannes 3, Vers 16).
Wer an diese Rettung glaubt,
dem gilt einmal im Himmel dieses Versprechen:

*Gott wird jede Träne von ihren Augen abwischen.*
(Offenbarung 7, Vers 17)

Diesen Trost möchte Gott jedem Menschen geben,
der an ihn glaubt.

# Hinweise für Eltern und Erziehungspersonen

„Plötzlich und unerwartet ..." kommt nicht nur der Tod, sondern kommen auch manchmal die Fragen der Kinder nach Sterben und Tod. Wir fühlen uns hilflos, sind vielleicht noch im Schockzustand und wissen keine Antwort. Der Tod gehört zu den großen Lebensfragen und unweigerlich wird die Auseinandersetzung damit auf Eltern und Erziehungspersonen zukommen. Dann ist es gut, wenn man sich vorher damit befasst und sich überlegt hat, was man sagen kann.

## 1. Wie sprechen wir vom Tod?

In Zeitungsanzeigen wird der Tod oft so oder ähnlich umschrieben: „Der Lebenskreis hat sich geschlossen ...", „XY ist auf seine letzte Reise gegangen ...", „XY ist friedlich eingeschlafen". Kinder machen sich ihre eigenen Vorstellungen und entwickeln Ängste vor dem Schlafengehen oder vor Reisen. Es ist besser zu sagen: „Die Nachbarin ist gestorben" oder: „Opa ist tot". Man kann erklären, dass der Körper nicht mehr funktioniert. Das Herz schlägt nicht mehr, der Mensch atmet und spricht nicht mehr. Für uns ist der Körper zurückgeblieben wie die leere Hülle einer CD. Der andere Teil eines glaubenden Menschen – sein Wesen, das, was wir an ihm geliebt haben, seine Persönlichkeit – ist bei Gott. Wie dieser Mensch zu uns war, was er für und mit uns getan hat, dieser innere Teil seines Wesens ist nicht mehr sichtbar. Mit diesem inneren Wesen hat er auch an Gott geglaubt, und darum ist er nun bei ihm.

Kinder wollen auch eine Ursache wissen und fragen ganz gezielt nach. Dabei sollte man nicht so sehr ins Detail gehen, aber doch wahrheitsgemäß antworten. Kinder wollen keine Schutzerklärungen; sie spüren, ob sie in ihren Fragen ernst genommen werden. Das gilt ebenso, wenn ein Mensch schwerkrank ist. Man kann einem Kind sagen, dass ein geliebter Mensch so krank ist, dass er nicht mehr gesund werden kann. So gibt man dem Kind die Gelegenheit, noch etwas für diesen Menschen zu tun und bewusst Abschied zu nehmen. Man sollte sich hüten, genaue Zeitangaben zu machen, wie lange der Mensch noch leben wird. Da haben sich Ärzte und Angehörige schon oft geirrt. Aber der Abschied wird leichter, wenn man sich darauf vorbereiten kann.

# 2. Wie reagieren Kinder auf den Tod?

## 2.1. Allmachts- und Unsterblichkeitsfantasien

Weil jüngere Kinder die Endgültigkeit des Todes nicht begreifen, setzen sie ihre Allmachtsfantasien dagegen. Sie wehren sich gegen die heftige Verunsicherung, wenn sie die starken Eltern plötzlich weinend und hilflos erleben. Sie möchten gerne trösten und helfen (*„Wein doch nicht. Ich hole meinen Bagger und buddle den Opa wieder aus!“*). Oft tritt dies noch einmal in der Pubertät auf (*„Ganz bestimmt werde ich ewig leben. Ich bin nicht kaputtzukriegen.“* – Aussage von einem elfjährigen Jungen). Es ist ein wichtiger Reifungsschritt für die Persönlichkeit, wenn man die Unausweichlichkeit und Endgültigkeit des Todes akzeptieren lernt. Nur von dieser Position aus kann man sich mit dem eigenen Sterben und den Verlusterfahrungen auseinandersetzen und zugleich die Hoffnung auf die Auferstehung durch den Glauben an Jesus Christus gewinnen.

## 2.2 Die Verleugnung des Todes

Kinder, die eine traumatische Erfahrung wie Tod oder Scheidung machen, erkennen dies auf rationaler Ebene als Tatsache an, emotional leugnen sie den Verlust. Kinder kaschieren das, indem sie nur in Gedanken mit dem Toten sprechen, ihn in ihr Leben einbeziehen und so tun, als sei er/sie noch da. Dies geschieht oft beim Verlust enger Bezugspersonen. Sie halten sich in dieser Täuschung, weil sie die Wahrheit noch nicht verkraften.

## 2.3 Die Affektisolation

Affektisolation bedeutet, dass jemand keine Trauergefühle zeigen kann. Man setzt sie oft mit der Verleugnung gleich, aber ich sehe sie als ganz wesentliche, eigenständige Trauerreaktion bei Kindern an. Erwachsene staunen oft, dass Kinder scheinbar gefühllos auf den Tod eines nahestehenden Menschen reagieren. Sie stellen pietätlose Fragen und können schnell wieder lachen und fröhlich sein. Man meint, das Kind verstehe noch nicht, wie schwer der Verlust die Familie und das Kind selbst getroffen habe. In Wirklichkeit ist es aber ein Schutzmechanismus, der bewusst oder unbewusst einsetzt, um die Seele des Kindes vor einem Übermaß an Trauer und Hilflosigkeit zu bewahren. Die Affektisolation ist der Schutzmantel für die Seele, damit sie an der Schwere des Verlustes nicht zerbricht.

Bei jeder neuen Verlusterfahrung treten aber massive Trauergefühle auf und spätestens in der Pubertät erleben die Kinder den Verlust einer Bezugsperson noch einmal nach und zeigen dann auch Gefühle. Ähnliches ist bei Scheidungs- und Adoptivkindern zu beobachten. Sie halten ihre Trauer- und Verlustgefühle zurück, um die Eltern oder Adoptiveltern nicht damit zu belasten. Trauern kann man nachholen!

## 2.4 Angstreaktion

Kinder beziehen alles, was sie hören, auf sich selbst und ihre Eltern. So kann die Aussage über einen Todesfall („Er ist ganz friedlich eingeschlafen") der Auslöser dafür sein, dass ein Kind nicht mehr ins Bett geht, Angst vor der Dunkelheit und Albträume hat. Manche verweigern auch das Essen oder gar das Sprechen. Es tauchen regressive Verhaltensweisen wie Einnässen oder Daumenlutschen auf.

Besonders oft tritt die Angst auf, verlassen zu werden, wenn die Eltern weggehen oder sich verspäten. Deshalb müssen die Kinder in dieser Zeit besondere Zuwendung erfahren und man muss eine Zeitlang Rücksicht auf die Kinder nehmen.

Es ist sehr wichtig, dass Eltern Kindern ab dem Schulalter erklären, wer ihnen im Notfall hilft und wer zu ihnen kommen würde. Kinder müssen wissen, dass sie außer von ihren Eltern von vielen anderen Leuten wie Verwandten und Freunden geliebt werden. Hier kann die Gemeinschaft der Kirche/Gemeinde eine bedeutende Rolle spielen. Kinder brauchen immer zuerst die Zusicherung der anhaltenden Liebe und Fürsorge. Wissen kann Sicherheit geben; an manchen Ängsten von Kindern sind nur fehlende Kenntnisse einfacher Tatsachen schuld.

## 3. Trauerarbeit

Wie Erwachsene durchlaufen auch Kinder die typischen Stufen der Trauer, allerdings manchmal zeitversetzt durch die Affektisolation, d. h. Jahre später trauern sie gefühlvoll. Meistens lassen sich drei Stufen der Trauerarbeit erkennen:

1. *Eine kurze Zeit des Schocks von der Kenntnis des Todes bis nach dem Begräbnis.*
   In dieser Zeit läuft vieles mechanisch ab, ohne dass besondere Gefühle gezeigt werden. Die Erwachsenen sind stark von den Trauerformalitäten in Anspruch genommen, die normalen Abläufe der Familie geraten durcheinander, man hat keine Zeit für die Kinder. Sie sind verwirrt, quengelig und fühlen sich abgeschoben und allein gelassen. Bei Trauerbesuchen sollte man deshalb die Kinder mit einbeziehen und sie nicht wegschicken, denn so können sie erfahren, wie gemeinsame Trauer, Gebet und Zuspruch stärken. Es ist gut, mit den Kindern eine Form des Abschieds zu finden (z. B. dass sie dem Verstorbenen noch ein Geschenk machen oder etwas mit zum Friedhof nehmen). Kinder ab drei Jahren können mit zum Friedhof gehen, wenn sie wollen. Es hilft ihnen, wenn sie sehen, dass viele den Opa oder die Oma lieb gehabt haben. Es wäre gut, wenn sie jemanden an der Seite haben, der ihnen die Vorgänge erklärt.

2. *Es folgt die Zeit des schmerzlichen Kummers.* Auch bei Kindern sind Reaktionen wie unruhiger und mangelnder Schlaf, Appetitlosigkeit, häufiges Weinen, Interesselosigkeit, Klammern, Unfähigkeit zum selbstständigen Spiel zu beobachten. Meistens können sie nicht erklären, was mit ihnen los ist. Jungen werden häufig aggressiv, weil sie die Ohnmachtsgefühle abwehren wollen. Mädchen neigen eher zum Rückzug und zu Stimmungslabilität. Zu den Verlustgefühlen kommen auch Hassgefühle und Zorn, manchmal auch Wut auf Gott *(„Warum hat Gott nicht besser aufgepasst?“)* Viele Trauernde äußern auch Schuldgefühle: „Wenn ich lieber gewesen wäre, wäre Mama nicht fortgegangen“, „Warum hat uns Papa verlassen und in diese Not gebracht?“, „Mein Bruder ist gestorben, weil ich öfters gemein zu ihm war“ usw.
   Wir müssen Kindern helfen, diese Gefühle zuzulassen und zu äußern, ohne dass sie gewertet werden. Wie in den Psalmen können wir im Gebet alle Gefühle vor Gott zum Ausdruck bringen. Er weiß ja, wie es uns geht. Auch Wut und Anklage gehören zur Trauerarbeit. Der Tod ist ein Feind, kein Freund.

3. *Die Zeit der seelischen Heilung und Wiederherstellung.* Die Trauer klingt ab, früher zog man nach einem Jahr die Trauerkleidung aus und es wurden neue Dinge angepackt. Die seelische Stimmung der Kinder wird wieder ausgeglichener, sie weinen weniger, sind nicht mehr so anhänglich und sind wieder belastbarer.

Es ist wichtig, dass vor allem die zweite Phase ausgelebt und begleitet wird. Wir können den Kindern helfen, ihre Gefühle zu äußern – z. B. durch Bilderbücher oder durch selbst gemalte Bilder, die wir mit ihnen besprechen. Jeder möchte in dieser Zeit gerne über den Verstorbenen reden. Deshalb sollten Sie mit den Kindern nach gemeinsamen Erinnerungen suchen, Fotos anschauen oder auch Orte besuchen, an denen man mit dem Verstorbenen war. Erinnerungsbücher oder Erinnerungskisten sind eine wichtige Hilfe für Kinder.

Keiner sollte gedrängt werden, in dieser Phase Haltung zu bewahren, denn nur wer seinen Kummer ausgeweint hat, kann Leid bewältigen. Oft verarbeiten Kinder auch im Spiel, was sie erlebt haben oder fühlen. Viele spielen die Beerdigung nach oder geben eine Begründung, warum der Tote gestorben ist. Dies ist nicht pietätlos, sondern dient der Verlustbewältigung.

Wir sollten aber nicht nur unseren Kummer miteinander teilen, sondern auch unseren Glauben. Gerade in dieser Zeit können auch Kinder erleben, wie viel Trost und Kraft der Glaube an Gott gibt. Eine gute Möglichkeit ist das gemeinsame Gebet, der Dank, für den geliebten Menschen, für das, was er uns war, was er für uns getan hat, für sein Vorbild im Glauben und für die Gewissheit, dass er es jetzt bei Gott gut hat.

Wenn Kinder fragen: „Wo ist der Tote?“, dann sollten wir nicht sagen: „Im Himmel“, weil es nicht der Himmel ist, den wir sehen. Bei Glaubenden können wir sagen: „Er ist bei Gott. Er ist am Ziel seines Lebens!“ Bei Nichtglaubenden können wir sagen, dass wir es nicht wissen, weil wir keinem Menschen ins Herz schauen. Das wird Gott entscheiden.

Wer mit Kindern die Fragen nach Tod und Sterben bearbeitet, kann auch sein Nichtwissen zugeben. Er wird aber merken, dass ehrliche Antworten die Beziehung stärken und Kinder reifen lässt.

Jutta Georg

Silke Rahn und Danijela Markmann
**Timo findet Trost**

Bestell-Nr. 271.167
ISBN 978-3-86353-167-6

1. Auflage

www.cv-dillenburg.de
Umschlaggestaltung und Illustrationen im Innenteil: Verena Klassen
Satz: Verena Klassen/Mirjam Wäsch, Christliche Verlagsgesellschaft Dillenburg
Printed in Germany